Keine Wünsche für
Ursel von Marianne

IRISCHE SEGENSWÜNSCHE

Für nette Menschen

Fotos von Reinhold Schönemund

Textauswahl von Renate Schuh

SKV-EDITION

Möge die Sonne in deinen Augen nie untergehen. Mögen deine Gedanken wie die Frühlingsblüten der Bäume sein. Möge dein Glück rund wie der Vollmond sein. Möge deine Seele sich auf Flügeln erheben hin zu dem Ort, an dem sie Ruhe findet.

Segen soll

*M*öge deine Arbeit dich so ausfüllen, dass sie am Abend deinen müden

dich umgeben

Rücken wärmt. Möge
der Tag sich stets in Frieden
von dir verabschieden.

Fang das Leben für dich ein

*I*ch wünsche dir, dass du jeden Tag vom Morgen bis zum Abend fröhlich bist. Mögest du immer Glück haben und ein Lied in deinem Herzen.

Nimm die Stille wie Nahrung in dir auf, dann wird der Friede in dein Herz einkehren. Gib jedem Tag die Chance, der schönste in deinem Leben zu werden. Schenke der Liebe große Bedeutung; sie ist die Kraft, die den Motor des Lebens antreibt.

Auch auf der
dunkelsten Straße
möge dir eine kleine
Laterne leuchten.
Auch auf dem steinigsten
Feldweg mögen deine
Wanderschuhe dir das
Vorankommen ermöglichen.
Berge und Täler werden
keine Hindernisse auf
deinem Lebensweg sein,
denn du gehst keinen
deiner Wege allein.

Möge dein
Herz warm
und glücklich
sein, mit einem
Quäntchen irischen
Lachens an jedem
Tag, auf allen
Wegen, für immer
und alle Zeit.

Mögest du die Zeit
finden, die stillen
Wunder zu feiern, die
in der lauten Welt keine
Bewunderer finden.
Mögen alle deine
Wünsche in Erfüllung
gehen, außer einem,
sodass du immer
etwas hast, wonach du
streben und auf das
du dich freuen kannst.

Ich wünsche dir
das Vertrauen eines
treuen Hundes,
die Gelassenheit
einer schlafenden Katze,
die Lebensfreude
eines tänzelnden Pferdes
und die Fröhlichkeit
eines singenden Vogels.

Glaube an das kleine Glück

Möge der Himmel, den du siehst, immer blau sein. Deine Freunde sollen wahrhaftig sein und deine Freude vollkommen. Mögen Glück und Lachen deine Tage füllen – jetzt und immerdar.

Möge dir alles gegeben
werden, was du brauchst – Arbeit
für deine fleißigen Hände, Nahrung
für deinen hungernden Leib,
Antworten auf deinen fragenden Geist,
Freude und Liebe für
ein warmes Herz und Frieden
für deine suchende Seele.

Im Einklang mit dem Leben

Geh ruhig deinen
Weg – mitten im
Lärm unserer Tage;
allein die Stille vermag
Frieden zu schenken.
Wenn es geht, steh
mit allen auf gutem
Fuße, doch gib dich
selbst dabei nicht auf.

*S*ei jeden Tag fröhlich mit einem Lied auf den Lippen; denn Lachen und Singen sind ansteckend, lassen andere mit einstimmen und zaubern Freude in Gesichter und Herzen.

Am Meer der Zeit leben

Möge dein
Schiffchen auf dem
Ozean des Lebens
nie zu kentern drohen,
und die Wellen sich vor
deinem Bug glätten.
Mögest du immer
das Licht vor Augen
haben, das dich in den
sicheren Hafen führt.

Was ich di

Sonnenschein leuchte
dir und erwärme dein
Herz, bis es zu glühen

ünschen mag

beginnt und die anderen
kommen, um sich an dir
zu wärmen.

In dieser Reihe sind bisher erschienen und lieferbar:
Für den Lebensweg (Bestell-Nr. 95351)
Für Mut und Kraft (Bestell-Nr. 95352)
Für besondere Feste (Bestell-Nr. 95353)
Für nette Menschen (Bestell-Nr. 95354)

Bibliografische Information der Deutschen Bibliothek
Die Deutsche Bibliothek verzeichnet diese Publikation in der Deutschen
Nationalbibliografie, detaillierte bibliografische Daten sind im Internet
über http://dnb.ddb.de abrufbar

ISBN 10: 3-8256-5354-4
ISBN 13: 978-3-8256-5354-5
„Irische Segenswünsche"
Für nette Menschen · Bestell-Nr. 95354
Gesamtkonzeption: © Design-Studio Simon Baum
© 2006 by SKV-EDITION, Lahr/Schwarzwald
Druck und Verarbeitung: St.-Johannis-Druckerei,
Lahr/Schwarzwald

Reinhold Schönemund, aufgewachsen im Hochsauerland, begann schon sehr früh seine schöne „Waldheimat" zu fotografieren. Im Berufsleben als Jurist wurde seine Liebe zur Fotografie von den traumhaften Waldstimmungen des Fotografen Oswald Kettenberger entscheidend inspiriert. In dieser Phase entstanden verschiedene Fotobücher mit seinen unverwechselbaren Naturfotos.

Danach wurde der „Naturmensch" Reinhold Schönemund von Irland angelockt, das ihn bis heute mit seinen grünen Auen immer wieder fasziniert. Unter seiner Regie erscheinen seit vielen Jahren die Fotokalender „Ireland" und „Das Jahr im Wald".